AF342936

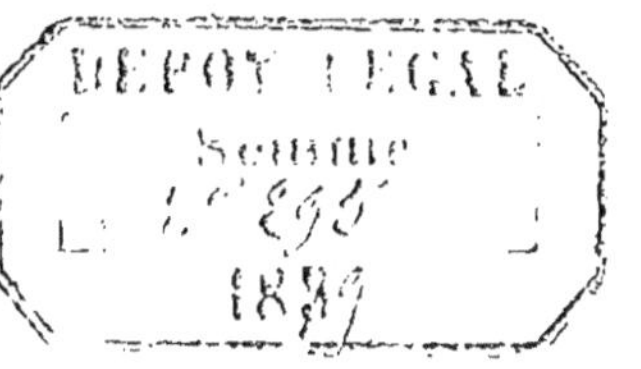

NOTICES

HISTORIQUES

PARIS

BRAY ET RETAUX, LIBRAIRES-ÉDITEURS

82, RUE BONAPARTE, 82

—

1879

1114. — ABBEVILLE. TYP. ET STÉR. GUSTAVE RETAUX.

AVANT-PROPOS.

—

Ce cahier pourrait s'appeler Notices Historiques vues d'en bas — c'est à dire sans contrôle ou explication cherchée. — C'est ce que j'ai vu ou ce qui m'a été raconté par des personnes dignes de foi. De tous mes mémoires ou voyages jusqu'à 1830, je n'ai gardé que ce cahier.

C. DE CHEVRIGNY.

NOTICES HISTORIQUES

Mes études de collége se trouvant terminées, mes parents me trouvèrent trop délicat pour m'envoyer à Paris et à mon grand regret, ils me gardèrent avec eux jusqu'au 1ᵉʳ octobre 1814, époque où j'allai faire ma philosophie, comme externe, à Louis-le-Grand, sous M. Maugras. J'y retrouvai Adolphe Chasles, qui demeurait vis-à-vis la Sorbonne avec son frère.

De fait, en octobre 1813, je ne paraissais pas avoir plus de douze ans. Cependant comme j'avais fini ma rhétorique, on me traita en grand garçon. M. Chauveau m'apprenait les mathématiques et l'anglais ; pendant la journée j'y travaillais avec opiniâtreté, le soir on me faisait fréquenter le monde ; mon père n'avait aucun secret pour moi. Je lui ai toujours depuis servi de secrétaire, quand j'étais près de lui, parce que sa main tremblait.

Je vis alors, ou j'appris les faits suivants. M. Delaitre, notre préfet, qui depuis a laissé des souvenirs, les devait à ce que le premier il a administré après la révolution de 93. Tout était à créer ou organiser, rien ne l'arrêtait dans ses volontés despotiques. On l'a accusé d'avoir fait des profits illicites dans ses fonctions ; la preuve n'en a pas été acquise ; cependant la fortune de deux de ses agents particuliers n'a point été expliquée. Je puis affirmer qu'un certificat de santé, par suite duquel réforme fut obtenue à un premier appel, fut payée 600 francs par un de nos domestiques, ce qui ne l'empêcha pas de partir un an après dans une nouvelle levée d'hommes. On assura dans le temps que moyennant un nouveau certificat de 600 francs, il serait encore exempté ; il ne voulut pas, y consentir dans la crainte d'un nouvel appel. Ce pauvre garçon, envoyé au dépôt des gardes de Paris, n'y avait pas eu six mois d'exercice, quand son corps fut envoyé sous les ordres du général Dupont. Il passa par Chartres. Je le vois encore avec son uniforme tout blanc ; il arriva droit à Baylen et de là sur les pontons en Angleterre ; il en résulta, pour lui envoyer des secours, quelques rapports avec la maison Perrégaux et Laffitte.

Le mot légalité fut toujours inconnu au préfet,

M. Delaître. Je conserve une lettre officielle de lui à mon père ; l'ironie s'y joint à l'arbitraire, elle est à peu près ainsi conçue : « Monsieur, je vous préviens que je vous ai inscrit pour trois mille francs dans la souscription destinée à offrir à Sa Majesté des cavaliers équipés. Assurément vous auriez offert une somme plus forte si on vous eût porté la liste ; car je connais votre patriotisme... » Il fallut bien trouver et payer les 3000 francs sous huitaine.

Dans sa vie privée M. Delaître n'était rien moins que recommandable. Son salon était chaque soir une maison de jeu où on risquait beaucoup d'argent.

Il faisait mauvais ménage et avait un petit cercle d'intimes avec lesquels il se livrait à des plaisirs qui n'étaient pas sans scandale ; ces amis particuliers avaient dans les affaires une influence considérable et il ne savait rien leur refuser.

Les habitants de Chartres, qui composaient ce qu'on appelle la société, se croyaient obligés d'aller de temps à autre assister ou prendre part au jeu de chaque soir : le trente-et-quarante.

Dans les grandes occasions, il donnait des fêtes où tout le monde se rendait ; personne, suivant une expression triviale moderne, ne boudait la préfecture.

Du reste comme le chef de l'État, M. Delaître,

libre d'agir, cherchait à employer les gens les plus convenables pour chaque fonction. Il réclamait sans cesse le concours de mon père qui, sans se tenir à l'écart pour motifs politiques, le faisait à cause de certaines relations qui en fussent résultées.

En mars 1814, le préfet était ou malade ou absent, ou bien encore il avait des raisons pour ne pas faire acte d'autorité; toujours est-il, que dans les derniers moments de l'empire il ne fut pas question de lui.

M. de Noailles avait été longtemps sous-préfet à Chartres. Il n'y avait laissé aucun souvenir. M. de Beaumont l'avait remplacé. Celui-ci était jeune et viveur; ses fonctions étaient tout à fait secondaires, même en l'absence de son chef, on ne s'adressait pour ainsi dire pas à lui.

M. Billard, maire, était un homme extrêmement recommandable. On le juge mal quand on lui reproche de ne pas avoir laissé à Chartres des traces de son administration. Ce n'est pas tenir compte des temps où il a rempli ses fonctions; obligé de céder aux ordres absolus qu'il recevait, il faisait le possible pour diminuer les charges de la ville, ou l'acerbité des mesures relatives aux personnes. S'il eût été ce qu'on nomme un faiseur, de deux choses l'une : ou il eût été mal remplacé, ou il eût laissé les affaires de la ville dans un état effroyable de désordre. Avec son esprit d'économie prudente, il n'a pu faire autrement que de solder seulement en 1818, je crois, le bal donné à Napoléon passant avec Marie-Louise pour aller à Cherbourg et dont j'ai ci-dessus donné les détails. La paix augmenta les ressources et les administrateurs qui suivirent purent laisser plus de souvenirs. Peu instruit, peu spirituel, M. Billard avait de la bonté, du bon sens et était dévoué à ses devoirs ; avec nos idées indépendantes modernes certains actes pourraient être blâmés qu'on ne peut sainement juger sans se reporter aux temps où l'on vivait.

Il avait passé à Paris les plus mauvais jours de la Révolution. Là alors, lié avec mon père, MM. Coubré, Brulart, Colin d'Harleville, le malheureux M. de Sartines, il avait été introduit par ses amis dans la société de madame de Sainte-Amaranthe. Après la sanglante exécution de celle-ci, un autre noyau se reforma chez madame Gonzeville, moins recommandable que madame de Sainte-Amaranthe. Dans ces deux salons fut présenté Marceau, et on n'y fut pas étranger à son avancement.

Ce héros chartrain, qui se trouva digne du rôle où les événements l'appelèrent, avait logé trois mois chez mon grand-père où il avait montré le maniement des armes et l'exercice tant à mon père qu'à mon oncle, nommés tous deux capitaines, l'un de grenadiers, l'autre de voltigeurs, à la première organisation de la garde nationale. Voici dans quelles circonstances : mon grand-père, comme tous les propriétaires chartrains, avait son revenu en blé. Aux premiers troubles révolutionnaires, on l'accusa d'être accapareur de grains : de là émeute. On vint pour vérifier les faits, lui faire un mauvais parti, ou l'arrêter ; il descendit par une échelle de la terrasse de sa maison, rue Chantault ; près Saint-André une voiture l'attendait, et il se réfugia à Dourdan. Une instruction eut lieu : il ne fut pas difficile à son fils aîné, mon oncle, de prouver que son père n'avait jamais acheté un seul grain de blé et n'avait pas même gardé celui que les fermiers avaient livré. En conséquence mon grand-père, qui avait comparu à l'audience, fut ramené chez lui au milieu d'une espèce d'ovation populaire. C'était le moment où on allait nommer les officiers de la garde nationale ; la faveur du moment fit attribuer la presque unanimité en faveur de mon père et de mon oncle pour les grades de capitaine ; cela eut lieu au fort du mouvement de l'émigration, de sorte que, à la maison, sortir de France ne put pas même

être mis en question. On ne voulait pas fuir devant
une accusation d'accaparement. Je crois bien d'ailleurs que, même sans cette circonstance, mon père
et mon oncle n'eussent pas émigré; mon grand-
père était veuf et infirme : ces grades conférés donnèrent lieu à des relations entre Marceau et mon
père qui a toujours cherché à lui rendre service.

M. Billard dans son administration avait beaucoup de prudence et s'entourait toujours de con-
seils. Il serait long et inutile de citer des noms
propres ; toujours est-il que dans les derniers
mois de l'empire, il se concertait avec mon père.
Cela avait commencé à la création de l'hospice
militaire de Saint-Père; mon père avait accepté les
fonctions d'administrateur des hospices, quand
elles furent devenues dangereuses; tout en se tenant
à l'écart, tout en prévoyant ou même s'exagérant
le danger, quand il pensait remplir un devoir, il
s'y dévouait sans parade, sans ostentation et com-
plétement.

Vu l'insuffisance des hôpitaux existants, mon
père fut chargé de fonder celui de Saint-Père. Les
nouveaux administrateurs et lui y donnèrent beaucoup de soin. Chaque jour il s'y rendait avec la
conviction, heureusement démentie par l'événement, qu'il en rapporterait le typhus qui décimait

les malades et les employés. Je me rappelle qu'un jour mon père rentra plus frappé que de coutume : en arrivant à Saint-Père, dans un des couloirs, il avait rencontré une très-jeune sœur qui portait sur son dos un Russe mort du typhus ; le bon abbé Jumentier soutenait les deux pieds du cadavre. Il avait fallu faire une place pour un autre malade ; cette jeune sœur mourut peu après, l'abbé Jumentier et mon père ont survécu. Le lendemain tous les deux allèrent ensemble au même endroit remplir les mêmes devoirs, ceux de l'abbé assurément plus dangereux, parce que le contact avec les malades était plus immédiat.

Dans ce temps-là le despotisme militaire, et j'en ai noté de singuliers exemples, avait rendu l'empire très-impopulaire, pourtant je n'ai jamais vu ni entendu exprimer le désir de sa chute, ni aucune espérance de telle ou telle autre forme de gouvernement. Si cela a eu lieu ailleurs, assurément rien de pareil ne s'est produit à Chartres jusqu'à la dernière heure de l'empire. Je me rappelle très-bien qu'un officier de passage, M. de Chamborand, ayant touché quelques mots d'une restauration possible, fut regardé ou comme un insensé ou comme un espion. Son nom faisait croire à la première hypothèse.

Avant la grande révolution, la cathédrale avait un chapitre dont nombre de membres appartenaient aux classes élevées de la société ; autour d'eux venaient se grouper les membres de leur famille et insensiblement dans les relations sociales le temps avait apporté une tenue et une urbanité remarquables. La révolution avait dispersé bien des familles, cependant il y avait au commencement du siècle de nombreux débris. Trois fractions de société conservaient ces souvenirs. La première, héritière des traditions de piété, contenait des personnes très-aimables, très-spirituelles, peu riches et s'abstenant des grandes réunions.

La seconde était appelée société de la noblesse, qualification bien inexacte, mais qu'on aurait mieux caractérisée en disant, société composée des personnes qui avaient alors le plus de luxe.

La troisième fraction admettait plus de mélange et prenait le nom de société Vallet parce que cette dame et son mari avaient salon ouvert tous les jours ; on y était plus gai qu'ailleurs. Tout ceci n'a qu'un intérêt, celui d'être un souvenir local, et je ne le mentionne que pour constater que toutes ces fractions se réunissaient dans les grandes soirées. Alors un seul et même sentiment se faisait jour : abattement à cause des malheurs du temps : compression

1.

uniforme ; absence d'intrigues politiques ou de divisions à ce sujet. Aucune de ce genre n'a surgi avant les Cent jours.

L'hiver dit de la campagne de France n'offrit aucun plaisir ; on était plein d'anxiété sur la suite possible des événements. La lutte soutenue par nos armées préoccupait tous les esprits. Chaque soir le salon de madame Vallet était plein ; autant de fois quatre personnes, autant de parties de boston éclairées chacune par deux chandelles, le tout dans une pièce carrelée et non frottée, avec une tapisserie représentant une forêt et des personnages. Là chacun racontait comment il avait un parent exposé aux dangers soit du combat, soit des maladies ; on parlait des événements de la journée, du typhus à Saint-Aignan, à Saint-Père, des victimes de la ville ou de l'armée, et il y en avait beaucoup.

Chaque soir d'un autre côté, il arrivait sur la place des détachements qui venaient de la ligne de Bordeaux ou de Rennes et qui se rendaient à l'armée ; chaque matin on vendait sur cette même place des Barricades des fourgons, faute de chevaux, ou des chevaux dépareillés, quand l'un était mort en route. Ainsi se réalisa une perte considérable pour l'État. Mon père, dans les cinq ou six premiers jours de février, acheta **72** francs un fourgon à quatre roues, qui avait cette valeur seulement en écrous.

Pour mobiliser davantage l'armée, on avait envoyé dans les villes intérieures tout ce qui pouvait encombrer ; chacun logeait des gens attachés au bagage. Je vois encore un gros maître d'hôtel du général Béléard. Il logea tout l'hiver à la maison avec cinq domestiques et huit mulets de bât ; il se plaignait d'avoir l'estomac délicat et ne pouvait boire que du vin de Bordeaux des fourgons de son général.

Deux ans auparavant, un colonel avait donné un soufflet sur la place publique au sous-préfet et à la maison le prince de Carignan s'étant installé avec ses officiers supérieurs, sans billet de logement, avait voulu nous mettre à exécution militaire, parce qu'on ne voulait pas lui donner des glaces à son dessert à minuit. Impossible de lui faire comprendre qu'il n'y avait pas de glacière à Chartres ; depuis lors le malheur avait encore augmenté la tyrannie militaire, toute résistance était impossible. Voilà ce qui explique le fait suivant. On avait écrit en plusieurs endroits de la ville ces mots : *Magasins de la réserve*, et particulièrement à la porte du souterrain de Notre-Dame. Or le maire dans certains cas remplissait les fonctions de commissaire des guerres, titre changé depuis contre celui d'intendant militaire. — Je vis un jour M. Billard désespéré. « Je viens, dit-il à mon père, de parcourir l'église souterraine et on m'a forcé de souscrire un état de fournitures militaires où je n'ai rien constaté du tout ; ainsi le premier article, le seul que j'aie retenu, porte : douze mille grosses de boutons ; or je déclare n'en avoir pas vu une seule. » Tout se passait de même. Dieu sait ce qui peut être parvenu à Fontainebleau, de ces hommes, munitions et ressources de toute espèce envoyés par des chemins impraticables et avec ce désordre.

Dans ces derniers moments-là, je ne sais pas bien où était l'autorité préfectorale, mais plus la crise approchait, plus la municipalité était omnipotente. Le maire avait son administration ; la commission des hospices s'était partagé le service, mon père avait l'hospice militaire, d'autres avaient un service public dans leurs attributions et chacun dans sa sphère agissait d'urgence. Mon père et M. Billard se concertaient continuellement ensemble.

Cependant les événements de la campagne de France avaient suivi leur cours. Un jour vint où les journaux de Paris ne furent pas distribués à Chartres, je ne sais par quel ordre. L'anxiété fut très-grande. Le lendemain matin vers sept heures, par un temps sombre et couvert, on sonna à la

porte de la maison. Deux personnes entrèrent :
l'une d'elles, employé à la mairie, y mandait mon
père sur-le-champ ; l'autre, c'était la laitière, nous
apprit que dans ce moment même une avant-garde
de prisonniers étrangers passait au bas de la butte
des Charbonniers. Ils venaient de Rambouillet et
avaient voyagé toute la nuit.

Mon père et moi sortîmes en même temps, lui
pour aller où il était mandé, moi pour voir ce qui
se passait. Sur la butte, je trouvai quelques curieux
dont le nombre augmenta beaucoup ; on ne pouvait expliquer une marche des prisonniers de
guerre pendant la nuit. Bientôt la colonne parut.
Les hommes semblaient exténués de fatigue, un
seul avait sa redingote verte d'uniforme, son cha-
peau à trois cornes et son épée. C'était leur général,
un jeune homme blond, de figure douce. Il marchait à pied tenant dans son bras la bride de son
cheval sur lequel était monté un Russe qui appa-
remment n'avait pu suivre les autres. Ce jeune général se nommait Alsufief ou tout autre nom que
je n'ai pas retenu, mais je fus frappé de ce qu'on
disait de lui : un tel *trois*. C'était un usage de son
pays pour les noms semblables de leur donner un
numéro.

Ce général fut logé au *Grand Monarque*. J'avais

suivi la colonne jusqu'à la place des Barricades, là je vis M. Billard, mon père et d'autres personnes du conseil. J'appris que ces prisonniers avaient quitté Rambouillet pour faire place à Marie-Louise, qui abandonnant Paris se rendait à Blois et allait arriver sur les dix ou onze heures.

Le maire avait autour de lui de nombreux agents qui furent envoyés de suite, dans toutes les directions, pour vivres et réquisitions dans les communes voisines, le tout à cause de la foule attendue. Déjà les boulangers de la ville avaient reçu leurs ordres. Les prisonniers qui arrivaient et qui se trouvèrent valides furent envoyés à Lucé, dont l'église fut affectée à leur gîte de nuit. Les malades par des agents, sous la direction de mon père, furent dirigés vers l'hôpital de Saint-Père; plus d'un gisait sur la place épuisé et dut être transporté en charrette. Quand on eut pourvu aux nécessités du moment, le maire se retira en passant devant la maison. Les administrateurs en se séparant s'étaient donné rendez-vous, une heure après, à la mairie pour prendre les mesures que nécessiteraient les circonstances. Au moment convenu mon père nous quitta en effet, et je retournai sur la butte à mon poste d'observation. Il n'y avait pas autant de monde qu'on aurait pu croire; chacun prévenu qu'il aurait à loger préparait sa maison, presque partout on faisait des cachettes pour mettre à l'abri les objets les plus précieux. En peu d'instants on avait su dans tous les quartiers l'arrivée de l'impératrice. Sans avoir aucun détail on y voyait l'indice d'événements graves. Vers onze heures, dans le lointain, on commença à apercevoir la route de Paris garnie. On ne distinguait rien encore. Vers midi le cortège parut au bout de la butte. Il y avait cavalerie, infanterie et des caissons bien escortés qu'on sut être le trésor public, les diamants de la couronne : venait ensuite l'impératrice avec une suite immense, toutes les voitures de gala de la cour toutes dorées ou argentées, même celles également dorées des douze maires de Paris et dans toutes, les places occupées. On ne peut pas rendre l'impression d'un pareil spectacle. Après le cortège officiel suivaient pêle-mêle de beaux équipages, des charrettes, des fiacres, des coucous. Des familles entières s'éloignaient ainsi de Paris, emportant ce qu'elles pouvaient de leur mobilier. Il y avait des gens à pied et à cheval et on allait très-lentement au pas.

Cependant il arrivait sans cesse des fugitifs. On peut appeler ainsi tous les Parisiens que la peur du danger faisait s'éloigner de la grande ville. Les maisons se remplirent des hôtes envoyés par billet de logement, puis les hôtels garnis, puis les places publiques, puis les rues.

Je ne cessai de regarder les arrivants qu'à deux heures, pendant le moment du dîner. A mon retour sur la butte la route était encore garnie quoique les rangs fussent moins serrés. Vers la brune l'encombrement était extrême. Je me rappellerai toujours que devant la porte Châtelet parmi beaucoup d'autres voitures dont on avait fait un logement s'en trouvait une attelée de six chevaux. Maîtres et gens ne savaient où aller. Une jeune dame m'appela par la portière et me demanda si, étant de la ville, je pourrais lui indiquer un asile pour la nuit quel qu'il fût. J'eus le regret de ne pouvoir lui rendre ce service sachant l'impossibilité de les caser. M'étant informé à quelques spectateurs du nom de cette dame, on me dit que c'était la princesse Aldobrandini Borghèse. Je ne sais si cela est exact. Toujours est-il que je courus à la maison voir si on pourrait disposer d'un lit. Il n'y avait pas un cabinet, pas un matelas disponibles. Je retournai à la porte Châtelet, on avait dételé les chevaux et on les avait attachés au piquet sur la place, on m'a assuré le lendemain que les maîtres avaient couché dans leur voiture.

Mon père ne quitta la mairie que pour dîner. Pendant ce moment-là il nous apprit que nous logions outre des personnes inconnues, M. de Beausset, chevalier d'honneur de Marie-Louise. Ses gens étaient déjà arrivés. Il fit faire ses compliments en annonçant que son service le retiendrait jusqu'à huit heures et qu'il viendrait alors pour souper avec nous. — C'était la troisième fois que nous logions M. de Beausset. La première fois ce fut quand Napoléon alla à Cherbourg. Depuis, content de l'accueil reçu à la maison, comme il passait à Chartres en poste, il vint demander à dîner à mon père qui le retint à coucher. Il résulte de ces bons rapports que pour nous c'était comme un ami. Il vint sans billet de logement, et à la mairie mon père prévint qu'il le logerait sans l'avoir vu préalablement.

La maison du reste était pleine, les écuries remplies de chevaux, les nôtres ayant été envoyés à la campagne. La cour contenait plusieurs voitures. A l'heure dite, M. de Beausset arriva. Je le vois encore avec son habit rouge couvert de broderies ; il était fort gros, son costume était éclatant ; il portait culotte courte et bas de soie blancs.

Nous le reçûmes de notre mieux. Il nous témoigna beaucoup d'amitié. Il répéta sur tous les tons que par mesure de précaution on avait jugé le départ de l'impératrice pour Blois nécessaire; mais que ce n'était pas le moins du monde dans la crainte de voir tomber Paris au pouvoir des étrangers. Il nous affirma, à plusieurs reprises, qu'il ne voudrait pas nous donner des espérances que l'événement viendrait démentir et nous empêcher de prendre nous-mêmes des mesures de prudence. Il ajouta que s'il voyait du danger il nous le dirait franchement, sauf à nous prier de n'en point répandre la nouvelle. Je suis encore persuadé qu'il parlait de bonne foi.

La soirée se prolongea en causeries sur les événements; à dix heures notre hôte fatigué demanda à se retirer. Il promit de prendre le café à huit heures le lendemain avec nous. L'ordre du départ était donné par Marie-Louise à neuf heures, tout le monde avait besoin de repos. Un domestique fut chargé de veiller pour l'ordre de la maison envahie par tant de gens et montrer leur appartement à ceux des hôtes que leur service auprès de l'impératrice retiendrait tard. Le dernier bonsoir de M. de Beausset fut : « Ne craignez rien, dormez en paix, l'empereur est en force. »

Entre minuit et une heure du matin le domestique entra dans ma chambre qui précédait ce jour-là celle de mon père et ma mère ; c'était un vestibule. Il nous réveilla tous. Voici ce qui était arrivé.

A l'hôtel de ville chacun avait eu dans la matinée à pourvoir aux nécessités de la journée. Quand on crut qu'il n'arriverait plus personne le maire et tous les employés sauf un seul se retirèrent chez eux, la cour demeura ouverte. A ce moment il devait être plus de dix heures du soir, M. Billard y étant retourné après son souper.

L'employé lutta d'abord contre la fatigue et le sommeil, puis il finit par s'endormir sur son bureau. Il fut réveillé en sursaut par quelqu'un qui lui frappa sur l'épaule et qui lui demanda sur-le-champ un billet de logement. — Qui êtes-vous? — Le roi Joseph. Paris est pris ! L'employé tout saisi lui fit un billet de logement à la hâte, et comme dans la nuit il était difficile de se reconnaître, il sortit avec le prince pour le conduire. Il remarqua en passant dans la cour la voiture qui avait amené Joseph. Son sommeil l'avait empêché d'entendre le bruit des roues et des chevaux. Il le conduisit rue des Vieux-Rapporteurs chez M. de Saint-Loup, sonna jusqu'à ce qu'on eût répondu à l'appel et continua en toute hâte son chemin pour aller chez le maire, M. Billard, Cloître-Notre-Dame. Cependant la cuisinière de fort mauvaise humeur d'être réveillée en pleine nuit introduisit l'arrivant dans sa cuisine.

Il s'éleva une difficulté assez grande, le maître dormait, le réveiller n'eût avancé à rien. La maison était pleine. Après bien des explications l'étranger proposa à la vieille Marie l'arrangement suivant : elle passerait sur une chaise là où on était, le restant de la nuit dont elle avait déjà dormi une partie et lui céderait sa chambre. Elle n'y aurait peut-être pas consenti si elle n'eût aperçu sous le manteau entr'ouvert des broderies qui lui firent penser qu'elle avait devant elle quelque haut personnage. Elle se mit donc en devoir de le conduire à sa chambre située en entre-sol, m'a-t-on dit, car je n'ai pas vu les lieux. Là le prince ôta son manteau. Marie ne put conserver de doutes sur la position élevée de son hôte, cela lui donna beaucoup d'émotion et elle dit : « Monsieur, je cours vous chercher des draps et la bassinoire d'argent de mon maître, au risque de le réveiller. » Vainement on lui répondit que la bassinoire était inutile, encore moins celle d'argent, rien ne put la dissuader et elle sortit. Quand elle rentra sa surprise fut extrême de voir l'étranger couché tout habillé et n'ayant ôté que ses bottes. Il coupa court à toute observation en disant : « Ma bonne femme, fermez la porte et laissez-moi. Voilà trois nuits que le roi Joseph ne s'est couché et il a besoin de quelques heures de repos. »

Cependant l'employé ayant réveillé **M. Billard**, celui-ci crut devoir prévenir d'abord le chevalier d'honneur de l'impératrice avant toute autre mesure. Il vint donc en toute hâte à la maison accompagné de l'employé. Ils attendirent au bas de l'escalier que le domestique eût réveillé mon père. Il fallait traverser ma chambre ; je me levai et après deux mots d'explications on se décida à prévenir **M. de Beausset**. On frappe à la porte, il vient ouvrir. Dans des crises aussi terribles l'émotion empêche de rire, mais le souvenir de **M. de Beausset** en bonnet de coton avec fontange bleue, en chemise, terrifié par nos nouvelles, le tremblement qui le prit ne sortiront jamais de ma mémoire. On dut l'asseoir dans un fauteuil. On appela son valet de chambre qui l'habilla à la hâte. Il fallait aller chez l'impératrice. Comme la nuit était sombre, que **M. de Beausset** à cause de sa corpulence marchait assez mal, je pris une petite lanterne et formai l'avant-garde, précédant notre hôte, le maire, mon père et l'employé de mairie. A la grille de la préfecture actuellement l'évêché, au bas et au haut de l'escalier, nous dûmes nous faire reconnaître par les fonctionnaires et nous fûmes introduits dans le salon à l'italienne. **M. de Beausset** pénétra seul dans l'intérieur. Au bout de quelques minutes,

nous entendîmes beaucoup de bruit de portes ouvertes et fermées, puis un quart d'heure s'écoula
et il revint dire au maire que l'ordre de l'impératrice était que le trésor partît sur-le-champ et
qu'elle-même se mettrait en route à la pointe du
jour ; on le chargeait de transmettre cet ordre à
qui il serait nécessaire. M. de Beausset serra la
main de mon père en lui disant adieu : « Qui sait si
jamais nous nous reverrons », ajouta-t-il, et en effet
nous ne l'avons pas revu.

L'ordre verbal de faire partir le trésor donné au
maire était d'une exécution bien difficile. Il fallait
des circonstances aussi extrêmes et un désordre
aussi complet pour qu'un ordre ainsi transmis re-
çût son exécution. Nous étions dans le cloître nous
demandant où logeait le commandant militaire de
l'escorte. Faire battre le rappel eût amené une panique. L'employé ouvrit l'avis que voici et il fut
suivi : il alla sur le pavé de Bonneval prévenir le
chef du poste qui veillait sur le trésor dont les
caissons étaient gardés par de nombreux faction-
naires. On avait logé dans ce faubourg tous les
officiers du régiment qui avait fourni ce poste ; on
alla de porte en porte les réveiller. Maintenant,
comment trouva-t-on le général, comment eut-on
un ordre régulier de départ, c'est ce que j'ignore,

ce qui est certain c'est qu'en effet bien avant le jour les caissons furent mis en mouvement escortés par une partie du 16ᵉ chasseurs où **M.** de Cherretemps débutait dans la carrière militaire.

Ce départ quasi clandestin avait amené un certain mouvement dans les deux faubourgs et dans la rue du Cheval blanc. Parmi la masse de ceux qui s'éloignaient de Paris tous ceux qui n'avaient pu se loger partirent qui par la route de Bretagne, qui par celle de Châteaudun : puis les maisons se réveillèrent, on alla aux informations, la nouvelle de la prise de Paris ne fut plus ignorée.

Il y avait beaucoup de monde sur pied quand l'impératrice partit de la préfecture au pas. Il était à peu près six heures. Sa suite en voitures était nombreuse. Je n'y ai pas vu de militaires. Sauf ceux du poste du palais aucun n'avait reçu d'ordre de départ. L'impératrice voyant de la foule au bas de notre maison mit le roi de Rome à la portière. Je le vois encore avec ses beaux cheveux blonds. Mon père n'aimait pas le régime impérial. Je le vis ému d'une si grande infortune. Il me signala l'attitude peu convenable de la foule. Pas un cri ne fut prononcé ; mais on voyait une disposition peu bienveillante qui, sans s'excuser, s'explique très-bien par la sollicitude extrême du moment. Tout le monde s'attendait à d'affreux malheurs. Arrivé au pavé de Bonneval le cortège cessa d'aller au pas et s'éloigna rapidement.

Cependant les rues se garnissaient de militaires; on causait avec eux, ils se plaignaient de n'avoir pas d'ordre et de ne pas savoir ce qu'ils allaient faire. On leur répondait par une appréciation sévère du chef de l'État, cause par sa politique aventureuse de tant de malheurs.

Je ne sais à quelle intention ou par quelle fatalité, les bruits les plus étranges se répandirent parmi les soldats. On vint leur dire que l'impératrice était partie très-mécontente de l'esprit des Chartrains. Des groupes militaires se formèrent : la peur exagère tout. On se persuada que la ville allait être pillée. Il y avait beaucoup de troupes. Je ne sais quel bruit nous appela à la fenêtre mon père et moi. Notre surprise fut extrême de voir dans la rue madame Joly-Deshayes. Elle avait le caractère aventureux et allait rue de Beauvais chez M. Rossard, son beau-frère, chercher des nouvelles ou pour affaires. Mon père lui demanda comment elle pouvait ainsi sans nécessité aller seule et lui offrit de la reconduire en allant à la mairie. Comme il prononçait ces paroles, une détonation considérable se fit entendre. Madame Joly

s'enfuit dans la boutique du pâtissier. En moins
d'une minute on vit dans toutes les directions fuir
les militaires au cri de : « Voilà les Cosaques. » Ces
hommes d'une bravoure éprouvée, sans chefs, sans
ordre, ne surent à quel ennemi ils avaient à faire,
ni où il était. Ce fut un pêle-mêle général. Déjà
dans l'escorte de la veille on avait vu des compa-
gnies formées d'uniformes de toute arme, même
des cavaliers à pied dans les rangs de l'infanterie.
Dans ce moment ce fut encore bien une autre confusion. A la campagne nous avions un lieutenant
et cinq hommes ; un escadron était dans la ville :
bien qu'éloigné de deux lieues on y entendit
l'explosion. Toute la nuit on avait fait plumer des
volailles au jardinier et à sa femme ; il devait y
avoir grand déjeuner. Au bruit du canon l'officier
partit laissant un cheval et une paire de bottes.
Tous les hommes se dirigèrent vers la ville sans
ordre ni chefs : dans la ville, même confusion. Au
bout d'un quart d'heure on ne vit plus ni un soldat, ni un étranger ; les rues furent désertes. Chacun fit ses dispositions, ne mettant pas en doute
l'arrivée de l'ennemi. Après un assez long inter-
valle de temps, le maire, M. Billard, arriva suivi de
cinq ou six personnes de sa connaissance. Mon
père se joignit à eux et je l'accompagnai. On allait

reconnaître d'où venait le danger. On prit la rue du Cheval-Blanc. Quelques curieux augmentèrent le cortège et on ne tarda pas à être à la place des Barricades. Là quelques personnes vinrent de différentes directions annoncer qu'on ne voyait l'ennemi d'aucun côté. Il y avait encore quelques militaires attardés qui évitaient la ville et gagnaient à travers champs, ou prétendaient gagner soit la route de Bonneval soit celle de Nogent-le-Rotrou, car on choisissait au hasard. Quelques-uns rencontrèrent des obstacles qui les retinrent longtemps et les forcèrent à de grands détours. Une troupe logée à Oisème entreprit d'arriver à la route d'Espagne par le haut de Saint-Chéron, la rivière les arrêta dans les prés du Gord; ne connaissant pas le pays, ils n'arrivèrent que vers le soir à Thivars, déjà bien fatigués, ce qui ne les empêcha pas de continuer.

On sut par les gens du grand faubourg qu'un caisson avait crevé vers Lucé. Ce fut le peintre en bâtiments de la maison, demeurant près de la place, qui avec quelques hommes hardis se dirigea vers l'endroit où on avait entendu l'explosion. Il raconta qu'un caisson du train d'artillerie placé devant l'église, n'étant pas attelé, avait pourtant sauté. La toiture avait été presque entièrement enlevée. Dans cette église, on avait mis coucher ce convoi de prisonniers arrivés la veille. A l'ébranlement produit, voyant les tuiles tomber sur eux, ils avaient cru qu'on tirait sur eux. Ils avaient forcé la porte et s'étaient mis en rang dans un champ à côté de la route sur laquelle s'éloignaient dans un désordre inouï caissons, canons, cavaliers et fantassins : après quoi ces Russes ou Prussiens envoyèrent un habitant de Lucé demander ce qu'ils devaient faire.

Notre peintre expliqua la commission ; le maire fit approcher ce jeune général dont le nom était suivi du numéro 5. Ils eurent ensemble une longue conversation que je ne pus entendre n'étant pas assez près d'eux. Peu après le Russe monta à cheval et s'en alla par le faubourg prendre ses hommes. Nous rentrâmes pour rassurer ma mère.

Sur les dix heures j'allai en curieux voir l'église de Lucé. Le toit était criblé et à jour. Chacun commentait l'événement à sa façon sans trouver une explication raisonnable de cette explosion inattendue.

Depuis, l'opinion s'est répandue que le maire, M. Billard, avait par un moyen quelconque obtenu de l'autorité militaire l'autorisation de produire

cette explosion pour rallier les hommes et empêcher des malheurs dans la ville.

Cette opinion ne peut soutenir l'examen. Un
coup de canon eût produit le même effet et eût
été plus commode. Le caisson était placé dans le
centre même du convoi, les débris pouvaient
blesser inutilement quelqu'un et détériorer les at-
telages voisins : aucun habitant du voisinage n'a
vu la moindre disposition pour opérer la destruc-
tion du caisson : Enfin quelques années après,
M. Ducros, commandant ce train d'artillerie, devint
sous-intendant militaire à Chartres. Quelques circonstances nous rendirent très-intimes. Il nous a
toujours affirmé que cette explosion fut fortuite,
inexplicable pour lui. Les prisonniers sortis de
l'église ne mettaient pas en doute une intention
hostile contre eux. Je ne la crois pas. — Enfin, et
c'est à mes yeux la meilleure raison, M. Billard
n'en a jamais rien dit à mon père, de moitié à ce
moment-là dans toutes ses mesures. L'eût-il laissé
entrevoir à d'autres, que je ne le croirais pas encore auteur d'une mesure (si mesure il y a) qui
dénoua instantanément une situation très-difficile,
et assurément si on eût fait tirer un coup de canon
d'alarme, on n'aurait pas pu prévoir l'effet produit
par la panique.

A onze heures du matin, on se décida à prévenir l'autorité que la ville de Chartres n'était pas prise. Un courrier fut envoyé sur la route de Nogent-le-Rotrou et un sur celle de Châteaudun. Le soir même un colonel arriva avec 200 hommes du 1er régiment de lanciers, le lendemain, 200 hommes du dépôt du 2e lanciers, ils furent suivis de 400 lanciers polonais.

Le jour de l'arrivée des 600 derniers, ceux venus de la veille avaient rétabli les rapports et les communications dans un rayon de six lieues, Épernon et Ablis. — Je ne me rappelle plus bien le nombre précis de jours qui se sont écoulés avant le grand événement de la prise de Chartres. Il se pourrait bien que le général de Guéheneuc soit arrivé le soir même du départ de Marie-Louise ; peut-être n'est-ce que le lendemain. Je le vois encore : jeune, une tenue parfaite, rare dans ces temps-là ; il logeait chez madame Compaignon, au fond de l'impasse, vis-à-vis l'Étroit-Degré. Il avait avec cette famille par Corvisart des rapports d'amitié ou de parenté. On avait alors un besoin de se réunir chaque soir, si bien que madame Compaignon eut une vingtaine de personnes pour le général. Il expliqua qu'avec ses huit cents hommes, il ferait une belle défense, qu'aucun indice, aucun

rapport ne faisait présumer le voisinage de l'ennemi, qu'une seule vedette avait disparu près
d'Ablis, qu'elle avait pu s'égarer et qu'avant son
arrivée à lui on avait pris des mesures détestables,
qu'au moment où il parlait sa présence se faisait
sentir par la régularité du service, toutes les routes
étaient éclairées et le lendemain il allait recevoir
infanterie et artillerie. La perspective d'un siège
faisait faire la grimace à tous les bons bourgeois
qui l'entendaient et s'étaient habitués à croire que
leur ville n'était pas susceptible de défense.

On se sépara. Le général allait chercher M. de
Beaumont sous-préfet, qu'il avait engagé à souper
au *Grand Monarque* avec tous les officiers.

Le lendemain matin, à la pointe du jour, le même
peintre-vitrier dont j'ai parlé déjà entra à la maison et sans aucun préambule nous annonça que
nous étions prussiens. — Grande exclamation. —
Comment! on n'a rien entendu. Voici les détails
qu'il donna comme témoin oculaire, j'y ajoute ce
qui a été expliqué depuis. Il est facile de voir ce
qui avait dû le frapper, ce que ni lui ni nous ne
comprenions et ce qui peu à peu s'est éclairci.

Un bivouac avait été établi place des Barricades.
Comme les lanciers avaient fait route, ce fut
comme un camp. Des feux s'allumèrent, les soldats

préparèrent le repas du soir pendant que les officiers soupaient au *Grand Monarque*. Tout à coup
un hurrah se fait entendre du côté de la butte
Saint-Michel, des coups de fusil rendent la panique
complète. Les cavaliers courent à leurs chevaux et
se mettent à fuir à la débandade à travers le grand
faubourg. Les officiers veulent sortir de l'hôtel.
Au premier coup de feu un garçon l'avait fermé.
On ne trouva pas la clé au moment même. Les
officiers rentrent dans une des salles, passent par
les fenêtres, traversent le jardin et arrivent dans le
grand faubourg où dans l'obscurité ils sont bous-
culés sans être reconnus. Un des officiers supérieurs,
plus en retard que les autres, plus corpulent,
croyant la ville prise et ne voyant plus moyen de
retrouver son cheval, se fit couper les moustaches,
prit un habit bourgeois qu'on lui prêta et gagna
à pied Lucé où il resta jusqu'au lendemain midi.
Il connaissait l'homme de la campagne qui lui
donna l'hospitalité parce que, chez lui, il avait
donné des rendez-vous quand il tenait garnison à
Chartres.

Peu à peu la place se vida, les derniers lanciers
emmenèrent chacun plusieurs chevaux que finirent
par monter ceux des fuyards qui avaient à pied
traversé le grand faubourg entraînés qu'ils étaient

sur la route de Nogent, le silence le plus profond succéda au tumulte.

Au point du jour l'abbé Le Sage, voulant aller à son jardin dans une impasse rue Saint-Michel, avisa à la porte un militaire tenant son cheval par la bride. La frayeur le prit et sembla le clouer sur place, impossible au bon abbé et à son interlocuteur de s'entendre ; enfin ils se décidèrent à marcher à côté l'un de l'autre vers l'Hôtel de ville qui était à deux pas. Là arrivaient des habitants de la place des Barricades qui venaient aux informations. Un d'eux qui savait quelques mots d'allemand interrogea le cavalier qui répondit tout d'abord qu'il se rendait prisonnier. Grande stupéfaction. On multiplia les questions et on apprit ce qui suit. La veille deux escadrons prussiens, hussards de la mort et hussards de Brandebourg, s'étaient trouvés vers les deux heures à une lieue d'Auneau. Le commandant ordonna à un lieutenant de pousser une reconnaissance aussi loin que possible avec vingt-cinq hommes. Celui-ci tourna Auneau et s'avançant entre la route de Paris où étaient les vedettes françaises et celle d'Angerville très-mauvaise alors gardée aussi, il arriva vers les neuf heures du soir à Nogent-le-Phaye, il traversa le village et se trouva dans l'obscurité en face de la porte de Trubert. On frappe, on ouvre et le pistolet au poing on force le fermier de conduire le détachement vers Chartres, aux embranchements de route on laissait un factionnaire.

A la pointe de Saint-Chéron le village parut devoir nécessiter quelques précautions, huit ou dix hommes le traversèrent. Les autres rejoignirent la route de Paris et se réunirent au coin du clos l'Évêque à ceux qui avaient passé dans la rue. Là ils tinrent conseil, on fit déferrer un cheval. Son cavalier forma l'avant-garde d'une espèce de patrouille dans laquelle on plaça le fermier tout tremblant, il dut la conduire jusqu'à l'entrée du faubourg de la Grappe. Le hussard au cheval déferré ne revint pas et c'est celui qui se trouva le matin devant l'abbé Le Sage. Il s'était égaré et avait cru prendre son chemin en entrant dans cette impasse. Ne le voyant pas revenir, le chef du tout petit détachement envoya deux hommes au pas à la découverte. Ceux-ci parurent avoir rempli leur mission, car après qu'ils en eurent rendu compte la patrouille remonta la route de Paris. L'officier après avoir écouté les rapports s'approcha du fermier et lui dit en bon français : « Retirez-vous sans passer par le village. Jusqu'à demain midi ne dites pas un mot à personne de tout ce qui vient de vous arriver. Si vous commettez la moindre indiscrétion, votre ferme sera brûlée et vous serez passé par les armes. » L'honnête Trubert ne se le fit pas répéter deux fois.

Toute la troupe prussienne descendit par le chemin de ceux qui étaient venus les premiers, et elle arriva en face des lanciers au bivouac. Elle fit feu en criant hurrah. Leur charge les conduisit à la porte de la ville. D'une façon très-inconsidérée, ils pénètrent dans la rue du Grand-Cerf, lancent en avant leurs chevaux à fond de train en allant au hasard, descendent ainsi par-devant les sœurs de Saint-Jean. C'est merveille qu'aucun cheval ou cavalier n'ait eu les jambes brisées ; ils parviennent à la porte de la ville. Là un épicier que quelque ouvrage avait tenu éveillé sort de chez lui. On s'empare de lui et on le force de conduire le détachement jusqu'au bas de la montagne, sur la route de Paris.

Tout ce que dessus ne fut pas raconté par le soldat, il expliqua seulement ce qui lui était personnel et comment la consigne absolue avait été de n'éveiller personne, pourquoi s'étant égaré il n'avait pas bougé.

A cette heure-là les rares curieux qui se trouvaient dans la cour de la mairie ne pouvaient saisir bien clairement le nombre des prussiens, les lieux par où on avait passé, quelle opération militaire avait eu lieu et quelle autre allait lui succéder.

Déjà il était constant que pas un autre soldat français ou étranger ne se trouvait dans la ville.

Le maire arriva. On envoya aux nouvelles. On constata le passage des prussiens par telle ou telle rue et on vint annoncer qu'on venait d'apercevoir un poste de troupes étrangères près de Saint-Chéron.

Le maire convoqua d'abord ses adjoints, son conseil, les notables, et voilà comment ce vitrier connu de lui comme notre ouvrier nous était venu. Personne à la mairie ne doutait que la petite troupe sur la hauteur fût une avant-garde d'un corps très-considérable. Par conséquent il ne pouvait être question que de capituler.

Il est impossible de rendre l'émotion produite par le récit qui nous fut fait. Mon père sortit, alla à la mairie, apprit du maire ce qu'on savait. On fit chercher un interprète, avec lui et deux ou trois personnes M. Billard partit pour Saint-Chéron. Mon père rentra confirmer ce que le peintre avait appris.

Vers les huit heures du matin un mot au crayon du maire apprit à mon père que les prussiens exigeaient la reddition de la ville et que leur avant-garde allait occuper la porte Guillaume, sans autre explication. J'ai longtemps conservé le billet, d'une écriture très-tremblée.

Chacun chez soi faisait des cachettes et était consterné.

A neuf heures, convocation pour midi à la mairie des conseillers municipaux et des notables.

Contribution de guerre, logement, pillage, on s'attendait à toutes les extrémités.

Une demi-heure après, convocation en toute hâte et immédiate à la mairie pour communication de nouvelles arrivées aux prussiens par estafette et contre toute attente.

Impossible de deviner ce que ce peut être. Je pars avec mon père. Toutes les boutiques étaient fermées, chacun était occupé de ses affaires et il ne vint pas plus de trente personnes à la mairie, où les portes étaient ouvertes à tout le monde.

On attend un quart d'heure et on introduit un officier prussien suivi de deux hommes. Un d'eux tenait à la main un paquet de journaux. Il expliqua en mauvais français que le sénat avait proclamé la déchéance de Napoléon, que le sénatus-consulte avait paru la veille dans le *Moniteur* et avait été expédié par estafette à tous les corps d'armée, que cet événement était la paix générale et le rétablissement de l'amitié entre tous les peuples. Tout cela fut dit au milieu de la stupeur générale. Le maire balbutia que la ville était paisible et ne demandait que la fin des misères de la guerre. On reconduisît les prussiens et on resta assemblé. Il fut décidé qu'on maintiendrait l'ordre en attendant des nouvelles plus explicites.

Cependant le maître de poste de Maintenon avait su les événements et fait parvenir à Chartres un paquet de lettres. Nous n'en avions pas ; mais ceux qui en avaient reçu avaient par elles des détails sur le mouvement en faveur des Bourbons, et sur la joie publique à Paris. Chacun arrivait avec la nouvelle, la salle de mairie fut envahie. L'enthousiasme gagna peu à peu. Passer des craintes les plus vives à la sécurité la plus complète grise pour ainsi dire tous ceux qui se trouvent sous cette impression. Des femmes de la halle arrivèrent tout éperdues criant qu'elles allaient avoir leurs enfants : on s'embrassa en pleurant de joie. Mon père parvint à sortir. Le maire le pria de se rendre avec lui auprès des prussiens, je ne sais plus pourquoi.

Je courus seul à la maison prévenir ma mère, criant à tous ceux que je rencontrais : la paix ! la paix ! Toutes les portes s'ouvraient et chacun courait de son côté.

Je ne tardai pas à rejoindre mon père. Les prussiens étaient sur le boulevard à gauche en sortant de la porte Guillaume. Autour d'eux il y avait déjà nombre de personnes. Peu à peu ce nombre augmenta. Il vint des femmes de toutes les classes. Elles donnèrent aux prussiens des poignées de mains. La paix ! la paix ! était le cri général, la joie semblait croître de minute en minute à mesure qu'on envisageait les conséquences des événements Un épicier de la porte Guillaume avait un laurier-thym en fleur, des poissardes en firent un bouquet et se mirent en mesure de le porter à l'officier. A ce moment passait madame de la Cressonnière avec madame de Bernard. Bon gré malgré ces dames durent s'en charger. Je vois encore cette dame respectable offrir le bouquet à l'officier qui lui baisa respectueusement la main.

On m'avait en général très-peu parlé des Bourbons. Je partageais la satisfaction générale inspirée par la paix ; mais j'étais fort calme. Mon père pour retourner chez lui prit avec le maire par la Courtille et monta la butte qui longe actuellement la caserne. Là un groupe très-nombreux vint à notre rencontre. En tête se trouvait M. des Ligneries. Il pleurait de joie et embrassa mon père. Là seulement mon émotion fut extrême. Je considérais ce vieillard comme un modèle de loyauté, c'était à mon sens, le type du bien. Voyant les effets de sa sensibilité, je me trouvai entraîné et électrisé.

En 1832 j'avais entrepris de recopier tous mes souvenirs écrits jour par jour, en supprimant les inutilités ; je me suis arrêté au douzième cahier et j'ai tout supprimé moins celui-ci.